小さな漁村が続く、ウェリガマの海岸。
この地域に特有のストルト漁をする漁師たち。

現地取材！ 世界のくらし ⑬

スリランカ

もくじ

● アユボワン
（こんにちは、さようなら、など）
● スバ ウダーサナック
（おはよう）
● スバ サンダーワク
（こんばんは）
● スバ ラトリヤック
（おやすみなさい）

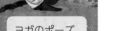
ヨガのポーズ。

コロンボでおこなわれた結婚式に参列した夫婦。

リティガラ遺跡にある大きな木。

巻きスカートのような男性の伝統衣装、サロン。

スリランカと周辺の国ぐに

イラン
アブダビ
マスカット
オマーン
パキスタン
ニューデリー
ネパール
カトマンズ
ティンプー
ブータン
ダッカ
ミャンマー
インド
バングラデシュ
ネーピードー
ハノイ
ラオス
ビエンチャン
ベトナム
タイ
バンコク
プノンペン
アラビア海
ベンガル湾
スリ・ジャヤワルダナプラ・コッテ
スリランカ
カンボジア
マレ
マレーシア
モルディブ
クアラルンプール
シンガポール
シンガポール
セーシェル
ビクトリア
インドネシア
ジャカルタ

スリランカのおもな世界遺産

スリランカでは、2023年現在、次の8件が世界遺産として登録されている。

- 聖地アヌラーダプラ
- 古代都市ポロンナルワ
- 古代都市シギリヤ
- シンハラージャ森林保護区
- 聖地キャンディ
- ゴール旧市街とその要塞群
- ダンブッラの黄金寺院
- スリランカ中央高原

▲ダンブッラの黄金寺院。岩山につくられた寺院で、5つの石窟からなる。その規模はスリランカでもっとも大きい。

▲古代都市シギリヤ。岩山の中腹には、「シギリヤ・レディ」として知られる女性たちがえがかれている。

▲シンハラージャ森林保護区。世界でもここにしか生息しない動物や植物など、固有種が多い。

▲ゴール旧市街。アラブ商人たちの中継貿易港として栄え、ポルトガル人やオランダ人が入植して砦の中にまちをつくった。

現地取材！ 世界のくらし ⑬

スリランカ

文・写真：東海林美紀　監修：荒井悦代

◀こちらのサイトにアクセスすると、本書に掲載していない写真や、関連動画を見ることができます。

見習い僧の少年。

学校の菜園で収穫したキャベツ。

高地の紅茶畑でお茶の葉を収穫する女性。

スリランカの伝統的なテキスタイル。

インド洋にうかぶ熱帯の島

多様な気候風土と野生生物

インド洋にうかぶ島国スリランカは、熱帯モンスーン気候に属しています。年間を通した気温の変化はそれほどありませんが、赤道付近からふきつける南西モンスーンと、ベンガル湾からふきつける北東モンスーンの影響を受け、雨季と乾季があります。また、地形による気候の差は大きく、海岸部や低地は暑く、高地は一年じゅう春のようなおだやかな気候です。年間降雨量の差も大きいため、島の南西部はウェットゾーン（湿潤地帯）、北部や東部、南東部はドライゾーン（乾燥地帯）に区別されます。

国土全体の10％に近い面積が国立公園や自然保護区になっています。ゾウ、ワニ、ヒョウ、野鳥など、多様な動植物がくらしています。大陸からはなれた島国であるため、独自の進化をとげた種が多いのが特徴です。

▲セイロンゾウはスリランカでもっとも大きな陸上動物で、水と食料をもとめて集団で移動する。日中は湖などで2度か3度の水浴びをするほかは、ジャングルのなかで草木を食べてすごす。

▲スリランカを囲む海は豊かなサンゴ礁にめぐまれ、クジラ、イルカ、ウミガメなど、たくさんの海洋生物がくらす。

▲国の中央部の丘陵地帯には、紅茶畑が広がる。セイロンティーは世界的に有名で、輸出だけではなく国内での消費も多い。

▲池に生育するスイレンの花。文化や宗教の面でも重要な役割をもつ。スリランカの国の花は、青色のスイレン。

▲コロンボ近郊の田んぼ。スリランカの主食は米で、稲作がさかん。さまざまな品種の米が栽培されている。

▶スリランカ
ハイイロオナガザル

▼スリランカマダラジカ

▼ミドリハチクイ

▼インドクジャク

▼トクモンキー

▲クロエリウサギ

▲インドトキコウ

◀インド
スイギュウ

◀スリランカ
ヌマワニ

5

国のあらまし

さまざまな民族がくらす国

周囲をジャングルが囲むメディリーギリヤ遺跡。10〜12世紀のあいだにシンハラ王国の首都として栄えたポロンナルワの近くにあり、仏塔や寺院のあとが残っている。

■ 多様な民族と宗教が共存

スリランカの人口の約7割を占めるのはシンハラ人で、多くがシンハラ語を話す仏教徒です。また、次に多いのがタミル人です。南インドからやってきたインド・タミルの人びともいます。どちらもタミル語を話し、ヒンドゥー教徒の人がほとんどです。そのほかに、イスラム教徒のムーア人、キリスト教徒が多いヨーロッパ人とシンハラ人とのあいだの子孫にあたるバーガーの人びともいます。

シンハラ語は公用語のひとつで、学校や行政などで使われています。もうひとつの公用語はタミル語で、英語は共通語として使われています。

国の南部にあるアダムス・ピークという山は、「聖なる足あと」ともよばれ、山頂にふしぎな足あとがあり、仏教、ヒンドゥー教、イスラム教、キリスト教などの宗教のちがいをこえて、人びとが巡礼に訪れます。また、狩猟採集をおこなう先住民であるウェッダー族の信仰の対象でもあったといわれ、さまざまな民族と宗教がスリランカで共存していることを象徴する場所です。

6

▼イスラム教徒の
女の子。

▼仏教徒の姉妹。

▼サロンを着た男性。
サロンは男性の伝統
衣装。

▲サリーを着た女性。
サリーは女性の正装。

▲ヒンドゥー教徒の
男の子。

▲仏教学校の
見習い僧。

▲コロンボの近く、ニゴンボにある仏教の寺、アングルカラムッラ
寺院。ニゴンボではキリスト教徒が多く、仏教徒は少ない。

▲ジャフナにあるナッルール・カンダスワミ寺院。スリランカの北
部と東部では、ヒンドゥー教徒の割合が大きい。

▲コロンボでもっとも古いモスク、ジャミ・ウル・アルファー・モスク。
コロンボの商業の中心、ペター地区にある。

▲ジャフナの海岸の近くにある教会。海岸ぞいの漁村ではキリスト
教徒が多く、教会も多い。

コロンボにくらす家族

▲ヒルキさんの家の庭にはたくさんのハーブや花が育つ。庭のハーブを料理に使ったり、花をつんで仏壇にお供えする。

シンハラ人家族のくらし

　ヒルキさんは、お父さん、お母さん、妹の4人家族で、コロンボの中心地からはなれた静かな住宅地にくらしています。家は1階建てで、家に入るとすぐに居間があります。居間のダイニングテーブルでは、ご飯を食べたり宿題をしたりします。テレビの近くには家族写真がかざってあります。キッチンやトイレ、シャワールームのほかに、いくつか部屋がありますが、1つの寝室に家族みんなでねています。

▲庭では、洗濯物を干したり、姉妹でバドミントンなどをして遊ぶ。奥には車を入れる車庫がある。家に入るときはくつをぬぐ。

▲朝と夕方に、家族みんなで仏壇に向かってお祈りをする。

▲縁日で買ってもらった鳥の世話をする。

▲キッチンでおやつに食べるチョコレートケーキを切る。

▲大好きなぬいぐるみをたくさん集めている。

ヒルキさんの1日

11歳のヒルキさんは、私立の小学校に通っています。お母さんは仕事で家にいないので、学校が終わるとお父さんが経営する電気工事をおこなう店に夕方までいるか、家に帰ってきてシャワーを浴びて昼食を食べます。暑いスリランカでは1日に何度かシャワーを浴びますが、朝や夜に髪を洗うことはありません。そのため、髪を洗わないときは、ボディ・ウォッシュとよびます。

ヒルキさんの家庭はシンハラ人で仏教徒です。朝と夕方のお祈りの準備はヒルキさんと妹がおこないます。庭に生えている花をつんで、仏壇にお供えします。

大好きな人形といっしょにねています！

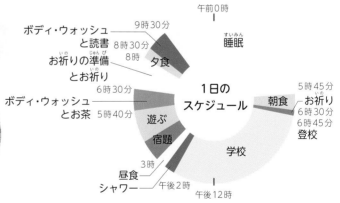

1日のスケジュール

午前0時
睡眠
ボディ・ウォッシュと読書 9時30分
8時30分 夕食
お祈りの準備とお祈り 8時
朝食 5時45分
お祈り 6時30分
登校 6時45分
ボディ・ウォッシュとお茶 6時30分
遊ぶ 5時40分
宿題
学校
昼食 3時
シャワー 午後2時
午後12時

▲学校の宿題をする。塾に通う子どもも多い。

▲髪を洗うのはお昼だけ。

中央高地の村のくらし

朝の時間は大いそがし

中央高地の朝はすずしく、空気がひんやりとしています。朝のシャワーは水だけだと冷たいので、熱湯をわかして水とまぜてお湯をつくります。子どもを学校に送りだすお母さんは大いそがしです。小さな子どもには朝ご飯を食べさせますが、スリランカの小学校ではたいてい休み時間に朝食を食べるので、その場合はお弁当をつくって持たせます。

いってきます！

▲学校へのバス停まで子どもを送るお母さん。キャンディ王国を滅ぼして中央高地を手にしたイギリスは、森林を伐採してプランテーションをつくり、紅茶栽培を始めた。そこで働きはじめたのは南インドからきたタミル人で、今でも中央高地にはタミル人が多くくらす。

▲庭の植物に水をあげるおばあさん。

▲起きてすぐに歯をみがいて体を洗う。

▲となりの家に住むおばさんに髪をあんでもらう。

▲双子の小さな息子たちに朝ご飯を食べさせるお母さん。

ここに注目！

1日に何度も飲む紅茶

スリランカは世界的に有名な紅茶、セイロンティーの産地です。紅茶は、国をささえる輸出作物として大切なものですが、スリランカの人びとのくらしにも欠かせないものです。1日に何度も紅茶を飲みますが、朝起きてから朝食の前に飲むのは紅茶にミルクを入れたミルクティーで、キリテーといいます。ほとんどの人が、砂糖を入れたあまいキリテーを飲みます。スリランカでは、基本的にお茶の時間は紅茶だけを飲みます。お菓子といっしょに飲むことはありますが、食事の最中に飲むことはありません。

◀お母さんが入れるキリテーで1日が始まる。

▲紅茶にミルクを入れたキリテー。

▶朝のお茶はきまってキリテーだが、そのほかはミルクなしの紅茶を飲むことが多い。

伝統的な住居とくらし

伝統的なシンハラ住居。伝統的な家は一戸建てが多い。屋根やとびらなどには木彫りの彫刻がほどこされている。

▶中庭に面したベランダは、外からのすずしい風がふきぬける。いすに座り、家族や友人、近所の人とすごすいこいの場所として使われる。

▼スリランカ人の建築家ジェフリー・バワが、建築家になってから亡くなるまでの50年間、週末に通って建築を続けた別荘、ルヌガンガ。ベントタ川に囲まれた丘の上に建つ。今はホテルとして使われている。

さまざまな気候や文化と住居

熱帯モンスーン気候のスリランカでは、家の中ですずしくすごせるくふうがしてあります。今はエアコンを使う家庭もありますが、伝統的には日中は窓を開けて風を通し、夕方になると窓を閉めてすごします。また、あえて窓を小さくして、熱気が家に入ってこないようなつくりになっている家もあります。

土地によって気候がことなるので、家のつくりやすごし方、庭の植物の植生にもちがいがあります。ドライゾーン（→p4）では庭に植物はあまりありませんが、ウェットゾーン（→p4）は植物が豊富にあります。また、人種や宗教によって、門のつくりや、居間などに置かれている祭壇もことなります。

▼ドライゾーンの都市ジャフナにあるタミル人の家。

▼魔よけの仮面。

▼ジャフナの漁師。居間で漁に使う網の準備をする。

▲ウェットゾーンにある家の庭には緑が多い。

▲イスラム教徒がくらす家。イスラム教徒の家に祭壇はない。

ここに注目！

煙で家を清める

ヒンドゥー教や仏教などの宗教儀式では、サンブラーニの煙が神聖なものとして使われます。サンブラーニは樹脂をパウダー状にしたもので、とてもよいかおりがします。自宅でも、朝と夕方のお祈りの前に、煙を使って、祭壇だけではなく家全体を清めます。煙は虫よけの効果もあるといわれています。

▼ヤシのからに火をつけて炭をつくる。

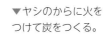

▲ヤシのからの炭にサンブラーニの粉をかけて煙を出す。

バラエティ豊かなカリー

■ ご飯の上にカリーとおかず

　スリランカで食事の中心となるのは、野菜や肉、魚をスパイスで煮こんだカリー（カレー）です。ご飯の上にカリーやつけあわせのおかずをのせて食べます。日本のカレーのように、さまざまな野菜や肉などをいっしょに煮こむことはせずに、野菜や肉、魚など、具材はどれか1つにしてさっと煮こみます。汁気の多いカリーは、パンなどのほかの主食といっしょに食べま

すが、スリランカではカリーとご飯、おかずの組みあわせが定番です。何種類かのスパイスをあわせて味つけをします。

▶ご飯の上にカリーやおかずをのせた食事は、ライス・アンド・カリーという。

▶パパダン。豆のペーストと小麦粉をまぜて揚げたもの。

▼タマネギやトマトを使った、あっさりした味つけのサンボル。サンボルとは、あえ物のこと。

◀テルダーラ。ジャガイモなどをチリやカレーリーフでいためた油いため。

▼ダール（豆）のカリー。

◀ご飯。白米だけではなく、玄米のような赤米もよく食べられている。

▼インゲン豆のカリー。

▲ココナッツのサンボル。けずったココナッツにチリとライムと塩を入れたり、タマネギにチリと砂糖を入れる。

▲魚のカリー。

◀マッルン。葉物野菜や根菜を細かくきざんで軽くいためたもの。

カリーの食べ方

タマネギのあまからいサンボル

ココナッツのサンボル

ヘビウリのカリー

▲一口で食べられるぶんのカリーとおかず、ご飯を右手でまとめる。

▲ご飯とカリー、おかずをよくまぜて、指のはらにのせる。

◀親指でおしだすようにして口の中に入れる。食べ終わったあとにご飯つぶやカリーが手に残ってしまったときは、なめずに水で手を洗う。

▲食べ物がついた手で他人の食器にふれないのがマナー。慣例として、食事中のおかわりは、お母さんがよそってくれる。お母さんはみんなが食べたあとに食事をする。

◀ふだんの食事は、好きな場所で1人で食べることもある。

▶昼食は、ご飯とカリー数種類をたっぷり食べ、夕食はチャパティとつけあわせだけで軽くすませることが多い。

ここに注目！ ジャフナ地方のカリー

北部のジャフナ地方では、タミル人が多くくらしています。また、カニなどの漁がさかんで、カニのカリーやイカのカリーなど、ほかの地域ではめずらしいカリーがよく食べられています。からいスパイスや、かおり豊かなハーブをふんだんに使った味つけも特徴です。

▲羊肉をタマネギやココナッツミルクでじっくりいためたジャフナ地方のドライカリー。

▶ジャフナ地方のイカカリー。

◀ジャフナ地方のカニカリー。

さまざまな食事と調理

さまざまな食事

　食事の中心となるのはご飯とカリー、おかずの組みあわせですが、ご飯以外にもカリーといっしょに食べる主食があります。また、軽食として簡単に食べられるスナックもお店で売っています。スリランカでは、家で調理したできたてのカリーを食べることが何より大切にされていて、つくりおきはあまりしません。

アーッパ

▲ホッパーともよばれる、ココナッツミルクの入ったおわん型のクレープ。真ん中に目玉焼きが入っていたり、あまい密がかかっていたりするものもある。

朝ご飯の定番

▼コラ・キャンダ：お米を葉物野菜の汁で炊いたおかゆ。

▲インディ・アーッパ：米粉を蒸してつくるめんで、カリーやサンボルをかけて食べる。ストリング・ホッパーともよばれることもある。

ロティとピットゥ

◀ロティ：小麦粉にココナッツミルクを加えたパン。

◀小麦粉にけずったココナッツ、タマネギ、青トウガラシをまぜ、厚めに焼いたロティ。

▲ルヌミリス（→p17）。ロティやピットゥなどと食べる調味料。

▶ピットゥ：けずったココナッツに米粉をまぜて竹の筒で蒸した料理。

スナック

▶パリップ・ワデー：レンズ豆、タマネギ、青トウガラシなどをまぜて揚げたもの。

▶ウルンドゥ・ワデー：ウラド豆の粉とスパイスをまぜ、ドーナツ形にして揚げたもの。

◀サモサ：カリーなどの具を生地で包んで油で揚げたインドのスナック。

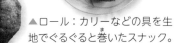
▲ロール：カリーなどの具を生地でぐるぐると巻いたスナック。

お菓子

◀カード：水牛の乳でつくったヨーグルト。あまい蜜をたっぷりとかけて食べる。

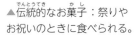
▲伝統的なお菓子：祭りやお祝いのときに食べられる。

◀ハラパ：雑穀やココナッツ、スパイスをまぜて葉っぱに包んで蒸したあまいお菓子。

パン屋さん。パンは、朝食や夕食でカリーといっしょによく食べられる。

ピクルス屋さん。ピクルスは、さまざまな野菜やあまくない果物を、香辛料や酢で味つけしたもので、つけあわせとして食べる。

▲かまどでカリーをつくっているところ。台所の外にかまどがあることもある。

◀ルヌミリス。タマネギやトウガラシなどが入ったチリペースト。

▶石の土台にスパイスなどをのせ、重い石をころがしてすりつぶすと風味が出る。

▲伝統的な台所のようす。手前はガスのコンロで、奥にはかまどがある。

ここに注目！

味つけの決め手は干し魚

　海に囲まれたスリランカでは漁がさかんで、沿岸漁業ではイワシやアジやサバ、沖合漁業ではマグロやカツオなど、たくさんの魚がとれます。海に遠い内陸部では、川や湖でとれる淡水魚もよく食べられています。こうした魚を乾燥させてつくった干物は、細かく切って料理に入れます。また、日本のかつおぶしのようなものもあり、風味がとても豊かで、細かく切ったりつぶしたりして、カリーやあえ物の味つけに使います。

▲国内のまちのいたるところにある魚の干物店。

▲船外機をつけた船で網の整理をする漁師。

▲エビは養殖もおこなわれている。

▲まちなかの鮮魚店はその場でさばいてくれる。

熱帯のあざやかな果物

旬の野菜と果物

　年間を通して温暖な気候のスリランカでは、一年じゅうさまざまな果物や野菜を食べることができますが、季節によって旬の野菜と果物があります。また、伝統医学のアーユルヴェーダでは、それぞれの野菜や果物には体を冷やしたりあたためたりする効果があると考えられています。

コロンボからキャンディに向かうとちゅうに、カシューナッツを売る店がたちならぶ村があります！

熟したジャックフルーツはとってもあまいよ！

▶オクラ

▲カボチャ

▲ウィングビーン（しかくまめ）

▲ゴトゥコラ

▲ジャックフルーツ

▲バナナハート（バナナの花のつぼみ）

▲ヘビウリ

▲ビーツ

▲葉物野菜がたくさんのったカゴ。スリランカでは、食材は健康につながる薬のようなものという考え方がある。

▼ランブータン　　▼アボカド　　▼パパイヤ　　▼ドラゴンフルーツ　　▼パイナップル　　▼スイカ

▲バナナ　　▲サワーサップ　　▲マンゴスチン　　▲ドリアン　　▲マンゴー　　▲ジャンボーラ

■ ココナッツはくらしの必需品

ココナッツからつくったココナッツミルクやココナッツオイルはスリランカ料理に欠かせません。また、だいだい色のキングココナッツの実の中に入っている透明なココナッツジュースもよく飲まれます。味はほんのりあまく、カリウムなどのミネラルが豊富にふくまれているのが特徴です。さらに、ココナッツの実の皮はた

わしやほうきとしても使われ、ココナッツには捨てるところがないといわれています。スリランカの人びとにとって、ココナッツはまさにくらしの必需品です。

▶ココナッツの実。

▲ココナッツミルクは、けずり機で実の内側の果肉をけずり、それに水を加えて手でしぼってつくる。

▲ココナッツの木。

▲キングココナッツの木。ココナッツの木より太くて低い。

◀キングココナッツの実。

◀かたい皮を割って、中に入っている透明な液体を飲む。

■ よく使われるスパイス

スリランカ料理ではスパイスをたくさん使います。料理にあわせて、スパイスの組みあわせや量を変えます。腐敗予防、かおりづけ、からみづけ、着色、くさみ消しなど、たくさんの作用があるほか、体調をととのえるはたらきもあります。

◀クローブ：フトモモ科の樹木の花のつぼみを乾燥させる。肉のくさみをとったり、胃痛をおさえたりする効果もある。

◀ターメリック：ショウガ科の植物の根を煮て乾燥させたもの。黄色の色づけをするほか、肝臓の薬としての効果もある。

◀カレーリーフ：ミカン科の木の葉で、柑橘系のかおりがする。

◀コリアンダー：セリ科の植物の葉や種を乾燥させる。独特なかおりがする。

◀フェヌグリーク：マメ科の植物の種。あまいかおりと苦みがある。

◀クミン：セリ科の植物の種。消化を助け、強いかおりがある。

◀赤トウガラシ：体をあたためる作用がある。

◀カルダモン：ショウガ科の植物の実。発汗作用や消化促進の効果がある。

◀ニジェラ：キンポウゲ科の植物の種。ピリッとしたからみがある。

◀マスタード：アブラナ科の植物の種。殺菌効果がある。

◀フェンネル：セリ科の植物の種。

◀シナモン：クスノキ科の樹木の皮を乾燥させたもの。殺菌効果があり、内臓のはたらきをととのえる。

人びとの移動とまちの交通

▲コロンボにあるフォート駅のプラットホーム。スリランカ最大のターミナル駅で、コロンボ近郊から遠くの都市まで、国内各地の主要なまちに向けて電車が発車する。発車前と到着後は多くの人が行きかう。

活躍するバスと電車

　バスはスリランカでもっともよく利用される乗り物で、どんな小さなまちでもバスが運行しています。長距離のバスにはエアコンがついていることもあり、これはACバスとよばれ、運賃が上がります。国営と民営のバスがあります。

　電車はほぼすべてが国営で、政府が運営しています。切符は駅の窓口で買いますが、電車は座席の広さによって等級があり、等級にあわせて窓口がことなります。

▲電車はいつも窓が開いていて、車内に風を入れながら走る。

20

▲コロンボの中心街フォート地区にあるバスターミナル。コロンボ市内を走るバスから長距離バスまで、多くのバスがここから出発する。

▲多くの車、バス、バイク、スリーウィーラー（小型の三輪自動車）が行きかう、コロンボの病院前の交差点。

▲コロンボから南に向かって、線路が海岸線ぎりぎりにのびる。写真奥にはリゾート地、マウント・ラヴィニヤが見える。

▶朝や夕方などの渋滞時の混雑した交差点では、警察官が交通整理をおこなう。

◀路線バス。チケットを売る人が運転手とは別に乗車しており、車内でチケットを買う。

ここに注目!

大活躍のスリーウィーラー

　スリランカでは、どのまちでも、スリーウィーラーが走っています。トゥクトゥクともいわれるこの三輪自動車は、ちょっとした移動に便利で、人びとのくらしに欠かせない移動手段です。タクシーのようにメーターがついていて、移動距離にあわせて乗車料金をはらいますが、運転手と値段交渉をする場合もあります。大きなまちでは、配車アプリを使って乗車としはらいができます。

▶赤や緑、黄色などの目立つ車体。

▲スマートフォンをとりつけたスリーウィーラーの車内。配車アプリを使ってスリーウィーラーを頼むと、運転手はスマートフォンの地図で行き先を確認しながら運転できる。

都市のくらしとまちなみ

まちとくらし②

大都会コロンボのまちなみ

　スリランカでいちばんの大都会コロンボは、7世紀ごろからアラブ商人たちが交易地のひとつとして来島しはじめました。ポルトガル、オランダ、イギリスと続いた植民地時代に港は大きくなり、まちも整備されていきました。

　まちでもっともにぎわうのはフォート地区のペターで、政治、商業、文化の中心街です。ホテルや銀行、官庁、商店、スリランカ最大の駅やバスターミナルが集まっています。

▲コロンボの夜景。ひときわあざやかに光っているタワーは、ロータスタワー。放送通信用のタワーで、ハスのつぼみのような形をしている。観光用に展望台もある。

高層ビルがたちならぶコロンボのまちなみ。コロンボは長い年月をかけて、海岸をうめたててつくられた港まち。アジアとヨーロッパを結ぶ海上輸送の中継地として発展してきた。

▼行政の中心地であるフォート地区は植民地時代のなごりが残るまちなみ。

▲ベイラ湖の上に建つシーマ・マラカヤ寺院。ベイラ湖はコロンボの中心部にある湖。奥には高層ビル群が見える。

◀毎週土曜日に開かれるマーケットでは、有機野菜から骨とう品まで、さまざまなものが売られる。

▼たくさんのショップが入っているショッピングモール。

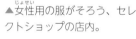

▲女性用の服がそろう、セレクトショップの店内。

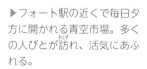

▶フォート駅の近くで毎日夕方に開かれる青空市場。多くの人びとが訪れ、活気にあふれる。

ここに注目！　スリランカの首都と国会議事堂

　スリランカの首都は、スリ・ジャヤワルダナプラ・コッテです。長いので、コッテともいわれています。1984年にジャヤワルダナ大統領政権下で、コロンボのフォート地区から国会議事堂が移され、1985年に正式に首都になりました。ただし、今でも大統領府や政府機関の多くはコロンボに置かれ、ビジネスや文化、政治の中心はコロンボです。

▲フォート地区に残る旧国会議事堂。古代ギリシャの列柱、古代ローマのアーチやドームなどの建築様式が取りいれられている。

▲現在の国会議事堂は建築家のジェフリー・バワ（→p12）が設計し、日本の建設会社が工事を手がけた。人工湖の上に建つ斬新な設計で、湖にはワニが生息している。

コロンボ近郊の学校

共学の大きな学校

スリランカは、言語も宗教もさまざまな多民族国家です。小学校や中学校は自分の母国語や宗教にあわせて選ぶことができます。仏教、ヒンドゥー教、イスラム教、キリスト教とそれぞれの宗教にあわせた学校があります。学校で使われる言語は、公用語のシンハラ語かタミル語で、どちらの学校でも英語を学びます。コロンボなどの大きな都市には、女子校や男子校、そして、私立の学校やインターナショナルスクールもあります。

コロンボ近郊にあるバンダラワッタ・パラクラマ・マハ・ビドゥヤラヤ校は、1869年に創立された国立の小中一貫校で、1年生から13年生までが学んでいます。ここではシンハラ語が使われていて、ほとんどの児童・生徒が仏教徒です。第2言語としてタミル語を勉強します。新学期の始まりは1月で、シンハラ・タミルの新年の4月は約2週間の休みになります。また、8月と12月には約1か月間の休みがあります。

▲髪の長い女の子は、髪を編んで制服のネクタイと同じ色のリボンで結ぶことが校則で決められている。

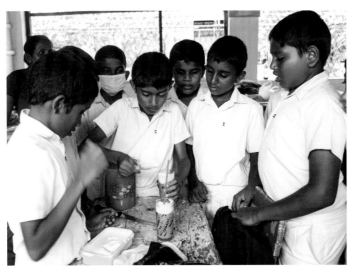

▲家庭科の授業のようす。この日はシェイクのつくり方を学んでいた。

動画が見られる！

マンゴーをミキサーにかけて、バニラアイスをのせたよ！

私たちは、アボカドを使ってシェイクをつくったよ！

校時	1	2	3	4		5	6	7	8
	7:45-8:25	8:30-9:10	9:10-9:50	9:50-10:30	10:30-10:50	10:50-11:30	11:30-12:10	12:10-12:50	12:50-13:30
月曜日	芸術(音楽・ダンス・アート)	英語	技術・家庭	宗教		保健・体育	理科	数学	第2母国語(タミル語)
火曜日	英語	国語(シンハラ語)	数学	理科		第2母国語(タミル語)	保健・体育	技術・家庭	
水曜日	英語	国語(シンハラ語)	理科	数学	休み時間	地理	芸術(音楽・ダンス・アート)		国語(シンハラ語)
木曜日	英語	国語(シンハラ語)	公民	理科		宗教	歴史	数学	図書館
金曜日	英語	公民	国語(シンハラ語)	理科		情報技術	数学	地理	歴史

6年生の時間割

▲どの教室にも小さな仏壇がある。

▲女性の先生たちは、正装のサリーを着る。

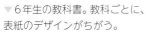

▼6年生の教科書。教科ごとに、表紙のデザインがちがう。

▲朝の会と帰りの会にみんなでお祈りをする。

▲休み時間に家から持ってきたお弁当を食べる。学校の給食はない。

▲授業が始まる前の児童たち。机の上のプラスチック製の水筒は、スリランカの学校ではみんなが持ってくるもの。

▲休み時間の校庭と校門。登下校の校門や周辺の道路はむかえにきた保護者やスクールバスで大混雑する。

学校生活② イスラム教徒が通う小学校

▲ 11歳または12歳の児童の授業中のようす。イスラム教徒の女の子の制服は、スカートの下にズボンをはくきまりになっている。高学年になると、頭にスカーフをかぶる。

数学の授業。

真っ白な学校の制服

　スリランカの学校の制服は白色で、学校によってネクタイの色やもようがことなります。

　スリランカ南部の都市ゴールにあるイスラム系の公立小学校は、通っている児童のほとんどがイスラム教徒で、先生もイスラム教徒です。朝の会と帰りの会ではイスラム教のお祈りがおこなわれます。

▼テストに向けて勉強中。筆記用具は好きなものを使う。

スリランカの学校制度	入学年齢のめやす
就学前教育 幼稚園（2年間）	3歳
初等教育 小学校（5年間）	5歳
中等教育 下級中学校（4年間）	10歳
上級中学校（2年間）	14歳
高等学校（2年間）	16歳
高等教育 大学（3〜4年間）	18歳

インタビュー

動画が見られる！

校長先生から日本のみなさんへ

　私たちの学校のあるゴールは、昔から海洋交易がさかんだったまちで、世界遺産に登録されています。19世紀ごろまではインド洋交易の拠点として、イスラム教徒の商人が活躍していました。このまちにはさまざまな民族と文化がまじっていますが、この学校はイスラム教徒の子どもたちが通っています。子どもたちは学校と塾の勉強にいそがしいですが、のびのびと学校生活を送っています。

▲放課後、家に帰る前に友達と学校の中庭でおしゃべり。

▲朝の会と帰りの会にみんなでお祈りをする。

それぞれの制服

低学年の女の子

低学年の男の子

高学年の女の子

高学年の男の子

▲この学校では、すべての学年で制服を着ることになっていて、学年によってすこしずつ制服がことなる。

最北端にあるまちの学校

にぎやかな登下校の時間

　スリランカには、小学生から塾に通いはじめる子どもがたくさんいます。大きな都市ではお父さん、お母さんが車やバイクで学校と塾の送りむかえをするので、登校と下校、塾の始まりと終わりの時間の道路は大混雑しています。

　スリランカ最北にあるポイント・ペドロといううちは、タミル人が多くくらしています。漁がさかんで、まちには漁師も多く住んでいます。

　この学校は、村のすぐ近くののどかな場所にあるので、子どもたちだけで登下校をします。

▲校外からの先生がおこなう授業。他人の気持ちを考える大切さを教わる。

▶タミル語で書かれた理科の教科書。

ポイント・ペドロにあるカトゥコバラン・タミル学校はタミル語で授業をおこなう州立の公立学校。シンハラ語や英語も学ぶ。タミル語で理科の授業を受ける6年生の児童。

▲校庭にはヒンドゥー教の神像が置かれている。

▲帰りの会で学級日誌を担任の先生に見せる。

▲下校の前に、クラス全員で整列をする。

▲近所の友達といっしょに下校をする。

▶スリランカ北部では自転車に乗る人が多い。

交通係のぼくがみんなの安全を確認します!

▲学級当番が学級日誌を書く。

◀職員室で話をしている先生たち。

子どもの遊び

みんなに人気のたこあげ

勉強の合い間の遊び

スリランカの子どもたちは、学校や塾での勉強と宿題に大いそがしです。その合い間の遊びとして人気なのはたこあげで、子どもも大人も楽しみます。モンスーンの影響で強い風がふく季節になると、たこあげがはじまります。コロンボではたこあげの大会もあります。どんな季節でも、少しの風があれば子どもたちはたこあげを楽しみます。

▶たこあげのたこはお店で買ったり、自分でつくったりする。

▼夕方になると、コロンボの海岸ぞいにあるゴール・フェイス・グリーンには家族や友人とすごす人が集まる。海岸ぞいで風が強いので、いつも、たこあげのたこが売られている。

▶コロンボにある公園で、ボートで遊ぶ子どもたち。

子どもも大人もクリケット

イギリス生まれのスポーツ

クリケットはイギリス生まれの野球に似たスポーツです。スリランカなど、イギリスの植民地だった国ではとても人気のあるスポーツです。スリランカはクリケットのワールドカップで優勝したこともあり、ナショナルチームのメンバーは国民のヒーローのような存在です。子どもたちにも大人気のスポーツで、大きな学校はクリケットチームを持っています。

▲学校のクラブのクリケットチーム。打者の足を守るためにプロテクターをつける。

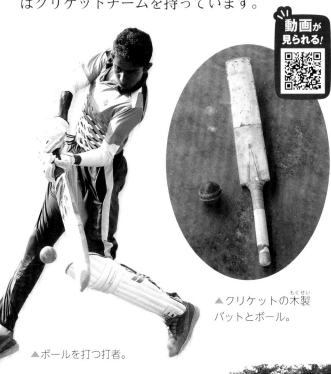

動画が見られる！

▲クリケットの木製バットとボール。

▲ボールを打つ打者。

▲クリケットは、11人からなる2つのチームで、攻撃チームと守備チームに分かれて競う。ボールをバットで打ち返したあと、ランナーが決められた場所を走る回数などで得点が入る。

▲バレーボールもスリランカの国民的スポーツ。

▲子どものサッカークラブの練習風景。

31

行事と冠婚葬祭①

さまざまな祝日と祭り

■ 大切な祭りはみんなの祝日

多民族国家のスリランカでは、それぞれの民族に独自の祭りがあります。大切な祭りの日は、民族がちがっても国民の祝日になっています。

スリランカの正月は4月で、収穫に感謝する日でもあります。新調した服を着て、世帯の年長者が家族ひとりひとりの頭に油をぬったり、伝統的なゲームをしたりします。正月だけに食べられる特別な料理もあります。

イスラム教徒の人たちは、イスラムの太陽暦にしたがって、預言者モハメッドの生誕祭や断食明けのお祝い、そして、犠牲祭をおこないます。キリスト教徒にとっては、クリスマスやイースターが重要な祭りです。

2024年のスリランカのおもな祝日			
1月15日	タイポンガル（タミル豊穣祭）	5月24日	ウェサック満月祭
1月25日	満月祭	6月17日	イスラム教犠牲祭
2月4日	独立記念日	6月21日	満月祭
2月23日	満月祭	7月20日	満月祭
3月8日	ヒンドゥー教神聖日	8月19日	満月祭
3月24日	満月祭	9月16日	イスラム教預言者生誕祭
3月29日	聖金曜日	9月17日	満月祭
4月11日	イスラム教断食明け大祭	10月17日	満月祭
4月12日	シンハラ・タミル新年前夜	10月31日	ディワリ（ヒンドゥー教新年祭）
4月13日	シンハラ・タミル新年	11月15日	満月祭
4月23日	満月祭	12月14日	満月祭
5月1日	メーデー	12月25日	クリスマス
5月23日	満月祭		

※これらの祝日は日にちが変更されることがある。

■ ヒンドゥー教のお祭り

ヒンドゥー教を信仰するタミル人たちにとって、収穫のお祝いであるタイポンガルと、光の祭典ともいわれる、ヒンドゥー教の新年を祝うディワリは、とても大切なものです。人びとは寺院で礼拝をして、色のついたお米で複雑なもようをつくったり、ごちそうを食べたりします。また、ナルア祭はスリランカでいちばん長いお祭りで、25日間にわたって色あざやかな馬車の行列や太鼓の演奏、踊りなどがナルア・カンダスワミ寺院で開催されます。

ウェール祭も大切なお祝いのひとつで、あざやかな衣装を着てパレードをしたり、鈴の音を鳴らしたり、奉納のダンスを踊ったりします。この日のために信者は菜食や断食をして入念な準備をし、祈りの言葉を唱えながら自分に苦行を課して、神がみへの感謝を表します。

▲コロンボのウェール祭で、行進しながら馬車で神がみが運ばれる。

▲行進で運ばれるヒンドゥー教の神像。

▲神聖な煙とともに行進する。

動画が見られる！

▲ウェール祭で苦行をおこなうヒンドゥー教徒。背中と足にフックをさして上下にゆらされながら、寺院のまわりを行進する。

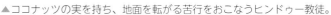

▲ココナッツの実を持ち、地面を転がる苦行をおこなうヒンドゥー教徒。

ここに注目！
盛大におこなわれる結婚式

結婚式の衣装や儀式は民族によってちがいがありますが、どの結婚式も親族や友人がたくさん参列して盛大におこなわれます。スリランカでは占星術が大切にされていて、ふだんの生活のなかにも取り入れる人が多く、結婚式の日にちや時間なども、占星術で決める人たちもいます。

▲新郎・新婦や親族がステージに上がり、参列者の前で結婚の儀式がおこなわれる。

◀結婚式に参列した親族。

行事と冠婚葬祭②

満月の日は国民の祝日

▲菩提樹でのお祈り。釈迦は菩提樹の下で悟りを開いたといわれている。スリランカの寺には菩提樹があり、人びとは菩提樹のとなりで瞑想をしたり、仏陀の悟りの象徴として拝んだりする。参拝をするときには、仏塔のあとに菩提樹で拝む。

■ みんなでお寺参り

　スリランカで多くの人が信仰している仏教は上座部仏教というもので、スリランカやミャンマー、タイなどに広まった仏教です。

　満月の日は、ポーヤデーといわれます。この日は祝日になっていて、仏教徒の人はお寺参りをします。酒を飲んだり肉を食べたりせず、ゆっくりと体を休めて家族とすごします。5月の満月の日は、仏陀の誕生、悟り、涅槃の3つを祝う、ウェサックという祭りが盛大におこなわれます。

これから、家族みんなで近所のお寺に行ってきます！

▲ポーヤデーは、家族と家で1日ゆっくりとすごす。

34

▲寺院に訪れるとまず最初に仏塔を参拝する。

▲寺院の敷地内ではくつをぬぐ。まずは手を洗って、お供えの花に水をかける。

▲寺院にいる見習い僧の少年にあいさつ。7歳をすぎると出家することができる。

▶白い糸はピリットヌーラという。

▲お坊さんが健康などの祈りをこめながら、右手に白い糸を巻いてくれる。

▲ココナッツオイルにひもを入れて火をつけるオイルランプ。線香にも火をつけてお供えする。

▲仏陀の像が安置されている仏殿で、花などのお供え物を供えてからお祈りをする。

最後の王国、キャンディ

仏陀の歯をまつる寺院

　キャンディは、イギリスが1815年に侵攻するまで、シンハラ人の最後の王国の王都として栄えた、歴史的にも政治的にも重要なまちです。4世紀にスリランカにもたらされたといわれる仏陀の歯は仏歯とよばれ、それを持つことが王国や王であることの権威の象徴になりました。キャンディのまちの中心にある仏歯寺に、仏歯がまつられています。

　仏歯に感謝をする祭りであるペラヘラ祭では、毎年はなやかなパレードがおこなわれます。キャンディの行列はとくに盛大で、たくさんの踊り手と、仏歯の入った容器をのせたゾウが、きらびやかな装飾を身につけて寺のまわりのまちなかを行進します。

▲外から仏歯寺の中へと続く通路。

▲絶えることなく、多くの人が仏歯の前に花を供える。

仏歯がまつられている仏歯寺。1日3回おこなわれるプージャという礼拝の時間に、仏歯のある本堂のとびらが開かれる。

▲キャンディのまちの中央に位置する、キャンディ湖と仏歯寺。

キャンディアン・ダンス

　キャンディやその周辺で古くから伝えられてきた踊りは、キャンディアン・ダンスとよばれます。もともとは悪魔をはらうことを目的として始まり、キャンディ王国の時代に宮廷で踊られていた舞いに、スリランカ各地の民族舞踏が組みこまれています。

▲仮面の踊り。

▲ラバンの踊り。太鼓にあわせて皿回しをする。

◀シンハラ人の戦士の舞い。

▲ヴェスの踊り。もともとは悪魔ばらいだった力強い男性の踊り。

▲火渡りの儀式。火のついた炭火の上を歩くなどする。火には悪霊を追いはらう力があると信じられている。

▲マユラの踊り。クジャクの衣装を着た女性たち。勝利を祈るためのキャンディの伝統的な踊り。

ここに注目！

尊敬を表すあいさつ

　仏教を信仰し、シンハラ語を話す人びとが、目上や年上の人に対する最大の尊敬を表すときには、手をあわせ、相手の足元の床に頭をつけます。子どもたちは、毎朝、学校に行くときに両親にこのようにあいさつをします。また、寺では日曜学校が開かれ、子どもたちは両親や目上の人たちを敬う大切さを学びます。

▲深くおじぎをすると、あいさつをされた人は、あいさつした人の頭に手をそえる。

▲寺院で、お坊さんに深くおじぎをする。

世界最古の伝統医療

古代から伝わる植物の医学

　アーユルヴェーダは、健康にくらすための
スリランカの伝統医療です。世界最古の医学
のひとつといわれ、インドから仏教とともにス
リランカに伝わったといわれています。アーユ
ルヴェーダの診療所や薬局はどのまちにもあ
り、かぜをひいたときなどに食べ物や薬草で家
庭で治そうとすることもアーユルヴェーダとい
われることがあります。また、村では薬草や呪
文を使って特定の家系で受けつがれてきた伝
統医療が今でもおこなわれています。アーユル
ヴェーダは人びとのくらしに深くとけこんでい
ます。

▲アーユルヴェーダの医師。アーユルヴェーダはサンスクリット語
で「生命の科学」という意味をもつ。病気を治すためだけではなく、
健康にくらすために必要なことがまとめられている。

▼シンハラ王国で使われ
ていたトイレの遺跡。

▲たくさんのハーブやスパイス
を使って薬がつくられる。

▲薬に使う植物を採取するときは、大切に手でつみとる。採取す
る前と後は、感謝の気持ちをこめて手をあわせる。

世界でも最古のひとつといわれる病院の遺跡。アヌラー
ダプラにある。人型の石のベッドに人が入り、そこに植
物のオイルを入れて治療がおこなわれていた。

▲どのまちにもアーユルヴェーダ薬局があり、たくさんの薬を売っている。

▲アーユルヴェーダで使う薬草は約2000種類ともいわれる。

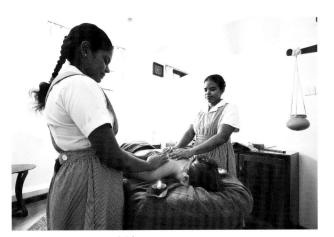

▲アーユルヴェーダの治療のひとつであるアビヤンガは、2人で全身に薬草オイルをぬりこむ。

◀▲ヨガや瞑想もアーユルヴェーダのひとつで、毎日の生活のなかでおこなうとよいとされる。

▲薬草がしきつめられたベッド型のサウナに横たわり、汗とともに体の老廃物を排出する。

▲医師は脈をはかって、その人の生まれもった体質やそのときの体調を診察する。

▼薬草を入れて蒸したハーブボールで、体にしみこませる。

▼額に薬草オイルを流すシロダーラという施術。

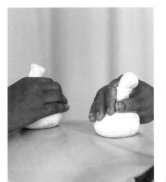

インタビュー

アーユルヴェーダ医 プシュパ 先生

人は、ヴァータ（風）、ピッタ（火）、カパ（水）という3つのエネルギーの集合で、そのバランスによってその人の体質が決まると、アーユルヴェーダでは考えます。そのバランスがくずれると体調が悪くなるので、バランスをととのえて本来の健康をとりもどすことが大切です。みなさんも、毎日の生活でできることがたくさんあります。決まった時間にご飯を食べることや、朝日がのぼる時間に早起きすることなど、できることから始めてみましょう。

森のなかでのくらし

自然とともにある生活

　都市にくらす人びとを中心に、スリランカの伝統的なくらしを体験したり、森などの自然のなかでもっと時間をすごしたいと願う人がふえています。森や田んぼの近くに滞在したり、農業体験をしたり、自然のなかで休日をすごすことができる施設が人気です。

　彫刻家で画家のラキ・セナナヤケさんは、生涯を通して自然とともにあるくらしをしながら数多くの作品を残しました。森のなかに住居と工房をつくり、たくさんの植物や動物に囲まれてくらしていました。「自分が心地よいことを知ること、そしてそれは自分で大切にしなくてはいけないんだ」と話していたラキさんは、いつもサロンを巻いただけのすごしやすい格好で、森のなかでくらし、作品づくりを続けました。

　ラキさんがくらしていた家の敷地はホテルになり、今でも多くの人が森のなかですごす時間を求めて滞在します。

▲ジェフリー・バワ（→p12）が設計したホテル、ヘリタンス・カンダラマの階段。ふきぬけの部分には、ラキさんの巨大なフクロウの作品がかざられている。
下の4点の写真もラキさんの作品。

インタビュー

森はすべての源

　昔のスリランカの人びとは、なんでも自分たちでつくっていて、家も自分でつくっていたのです。自分でつくるから、どういう家が心地よいのか、よく知っていました。森のなかにいると、たくさんの植物や虫、動物たちがいて、人間としての自分の存在もその一部なのだと思えてきます。どれが欠けてもだめなのです。森のなかでのくらしは、たくさんの創造性を私にあたえてくれます。何かをつくりつづけていたいと、思わせてくれるのです。

◀ラキ・セナナヤケさん

▲森のなかにいるあいだは、多くの時間を外ですごす。

▲竹林のなかにつくられたホテルの一室。森のなかにくらすサルが部屋の屋根に遊びにくる。

▲部屋にかざられた植物のドローイングもラキさんの作品だ。

池の前につくられた部屋は、窓を開けるとすずしい風がふきぬける。朝、少しずつ外が明るくなると、森のなかの動物たちも活動を始める。人間も自然のリズムにあわせたくらしができるように、部屋が設計されている。

持続的な社会をめざして

ごみ処理場の生ごみから安全で安い肥料をつくり、それを使ってできた安全な野菜や果物を売ることで、農家の収入の向上につなげる。

SDGsに向けた取り組み

SDGsは貧困、不平等、地球環境など、世界のさまざまな問題を解決するためにつくられた、世界共通の目標です。

スリランカにくらす石川直人さんは、スリランカの人びととともに、それらの課題の解決に向けて、環境負荷の少ない農薬、障がい者への就労サポート、廃棄物を利用した商品の製作・販売など、さまざまな事業を立ち上げています。こうしたSDGsへの取り組みは、スリランカ社会でさらに広がっていくことが求められています。

▼石川直人さん。協力隊員としてスリランカで活動していた2004年に、スマトラ島沖地震が発生し、スリランカでも大きな津波被害を受けた。石川さんは、ほかの隊員とともに被災地支援に取り組み、その経験からNPO法人アプカスを立ち上げることになった。現在も、スリランカにくらしながらさまざまな事業をおこなっている。

さまざまな事業を通して、スリランカで持続的な社会をめざしています。

SDGsに向けたさまざまな取り組み

▲この店では、農家さんから届けられた新鮮な有機野菜や果物、スパイスやナッツなどの食品を販売する。コロンボのKenko1st（ケンコーファースト）店のスタッフ。

農業

スリランカでは約3割の人が農業に従事しているが、近年の気候変動による異常気象や原油高による肥料の値上がりなどにより、農家はきびしい経営を強いられている。石川さんは、有機肥料をおもに使う「循環型農業」をおこない、農産物を販売することで新しい農業の形をつくっている。

▲店で販売される有機栽培の野菜や果物。

工芸品の制作・販売

地方都市では、女性や障がい者などの社会的に弱い立場にある人が仕事をできる機会が少ないことが課題。石川さんは、廃棄されていたバナナのくきの繊維で商品をつくり、それを売って収入を得ることをめざすMUSACO事業の支援をおこなう。

今までは捨てていたバナナの茎が商品になるなんて！

大変だけど、やりがいのある仕事よね！

▲メンバーで集まって、製品のデザインを話しあっている。

▲バナナのくきの繊維からつくられたポーチとバッグ。

障がい者サポート

視覚障がい者は教育を受けることができても、社会の偏見などがあり、仕事につける機会がかぎられて、引きこもってしまう人が多いことが課題。そこで石川さんは、視覚障がいのある人たちに指圧の技術を身につけてもらい、指圧・マッサージサロンを経営して、仕事の機会をつくっている。

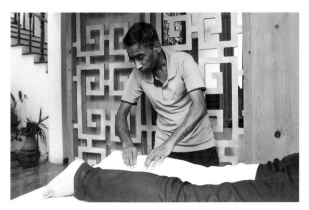

◀指圧・マッサージサロンの「トゥサーレ」では、視覚に障がいのある人が研修を受け、指圧師として働く。

両国の強いつながり

日本との長い友好関係

　日本とスリランカは長年にわたり、親密で友好な関係を築いてきました。スリランカでは日本のことがよく知られていて、とくに日本のキャラクターや日本食は人気があります。日本で勉強や仕事をしたいと希望する人もたくさんいます。

　また、さまざまな分野の仕事をしながらスリランカにくらす日本人もいます。スリランカでくらす日本人も、日本でくらすスリランカ人も、それぞれが両国の関係づくりに貢献しています。また、同じ仏教国として、両国で活発な文化交流もおこなわれてきました。

　経済協力もさかんで、政府開発援助（ODA）による技術協力や資金協力のほか、非政府組織（NGO）による草の根の支援がおこなわれてきました。内戦が終結したあとには、長年対立してきたシンハラ人とタミル人の「民族融和」が大きな課題となりましたが、日本は協力隊を派遣して、スポーツや音楽を通しての支援に取り組みました。

▲スリランカの日本語教室で勉強する人びと。日本で勉強したり働いたりすることをめざして、週末に日本語を学べる教室がある。

▲首都にある国会議事堂前に日本の援助でつくられた、日本スリランカ友好道路。

◀スリランカで人気の高い色あざやかな巻き寿司。

▶鉄板焼きも人気のメニュー。

▲日系ホテルの日本食レストランで料理長をつとめる長浩也さんは、スリランカの人の好みにあわせた日本食を提供している。

44

スリランカで活躍する日本人

スリランカでの教育支援
馬場繁子さん

NGOスランガニを立ち上げて、障がいのある子どもたちや貧困家庭の子どもたちへの教育支援などの活動をおこなっています。これまで向きあってきた人たちの困っていることが少しでも軽くなればいいな、少しでも何か解決できたらいいなと思いながら、ずっと続けてきました。スリランカは穏やかな国です。日本の風景と似ていて、村にいると、ヤシの木がなければここは日本だと思うくらいです。みなさんも、ぜひ一度スリランカにいらしてください。

スリランカでジュエリーづくり
大槻隆行さん

日本でジュエリー職人として働いていましたが、30年前にスリランカに渡り、スリランカ人の宝石商の男性とともにジュエリー会社を立ち上げました。内戦中のスリランカで、最初は言葉もわからず、たいへんなこともたくさんありましたが、「がんばりすぎずに一生懸命にやること」をこれまで大切にしてきました。世界でも有数の宝石産出国のスリランカで、技術を学んだ多くのジュエリー職人が活躍しています。

◀スリランカはサファイア、ルビーなど、世界でも有数の宝石産出国。

ここに注目！
元大統領のスピーチ

人はただ愛によってのみ憎しみをこえられる。人は憎しみによっては憎しみをこえられない。

第2代大統領 J・R・ジャヤワルダナ

第2次世界大戦後のサンフランシスコ講和会議で、のちにスリランカの大統領となるジャヤワルダナ氏は、日本を擁護し、日本の独立を支持する演説をおこないました。「憎悪は憎悪によってやむことはなく、慈愛によってやむ」という法句経の一説を引用して、戦時賠償請求を放棄する演説をおこないました。

スリランカ基本データ

正式国名

スリランカ民主社会主義共和国

首都

スリ・ジャヤワルダナプラ・コッテ

言語

公用語はシンハラ語とタミル語で、英語もよく使われている。

▲シンハラ文字を学ぶための教材で遊ぶ子ども。シンハラ文字は、スリランカの公用語のひとつであるシンハラ語を表記するのに使われる。

民族

シンハラ人が82％、タミル人が9.4％、ムーア人が7.9％、マレー人がさらに少数を占める、多民族国家。

宗教

仏教70％、ヒンドゥー教15％、キリスト教（おもにカトリック）8％、イスラム教（スンナ派が大部分）7％。

通貨

通貨の単位はルピー。1ルピーは約0.4円（2024年1月時点）。紙幣は5000、2000、1000、500、200、100、50、20、10、5、2ルピー。硬貨は10、5、2、1ルピー。

政治

共和制で議会制度は一院制。

情報

インターネット使用者率は35.0％（2020年時点）。新聞、テレビ、雑誌、ラジオのほかに、インターネットのソーシャルメディアも広く利用されている。

産業

以前は米と三大プランテーション作物（茶、天然ゴム、ココナッツ）中心の農業依存型経済だったが、近年は工業化が進展し、衣料品が最大の輸出品目に成長した。観光も大きな産業だったが、テロや新型コロナの影響を受けて減少した。

貿易

輸出総額 **119** 億ドル（2021年）
おもな輸出品は工業製品、食料品、原材料と燃料、衣類、紅茶など。おもな輸出先は、アメリカ、イギリス、インド、ドイツ、イタリア。

輸入総額 **199** 億ドル（2021年）
おもな輸入品は工業製品、原材料と燃料、食料品、機械類、繊維と織物、石油製品など。おもな輸入先は中国、インド、アラブ首長国連邦、マレーシア、シンガポール。

日本への輸出

313 億円（2021年）
おもな輸出品は、衣類、紅茶、エビ、飼料など。

日本からの輸入

355 億円（2021年）
おもな輸入品は、一般機械、電気機器、合成ゴム、バスとトラックなど。

軍事

兵力 **25.5** 万人（2020年）

陸軍が17.7万人、海軍が5万人、空軍が2.8万人。

▼コロンボにある初代首相のD・S・セーナーヤカ像と独立記念ホール。

スリランカの歴史

シンハラ王国とタミル王国

紀元前483年、インド北部からヴィジャヤ王子がスリランカに移住し、アヌラーダプラに王国をつくった。紀元前250年には、インドのアショーカ王の使者マヒンダが仏教を伝えたとされ、仏教がスリランカに伝来した。これにより、アヌラーダプラを都とした仏教王国が栄え、東南アジア、インド、アラビア、ローマとの交易もさかんにおこなわれた。中国からは法顕のような留学僧が訪れるようになり、世界でも仏教の中心地のひとつとなった。

こうした繁栄の理由のひとつには、大規模な貯水池での灌漑による、米の豊かな生産があった。その後、都は北部の乾燥地帯のポロンナルワに移されるが、13世紀ごろ、国家は急速に衰えた。

紀元前2世紀以降にはタミル人がスリランカに移住していたが、ジャフナ地方にタミル王国、ヤールパーナムが建設された。タミル文化の中心地となり、この地域に多くの寺院や宮殿が建設され、タミル文学や宗教が栄えた。

ヨーロッパ各国の支配

1505年にポルトガル人がシナモン貿易の独占のためにスリランカにやってきて、当時のシンハラ王国だ

▲コロンボのフォート地区にあるカーギルズビル。もともと倉庫として使われていたが、現在はスーパーマーケットになっている。建物はイギリス統治時代の影響を残したコロニアル様式。

ったコーッテ王国、シータワカ王国、キャンディ王国を次つぎと攻略し、キャンディ王国をのぞいて統治下においた。

1658年にオランダ人が来航すると、海岸地帯も植民地化し、1796年からはイギリスの支配下に入った。1802年にはアミアン条約によりイギリスの植民地となり、同国は1815年にキャンディ王国を滅ぼして全島支配を確立した。

独立と民族対立。長引いた内戦

19世紀半ばにコーヒープランテーションが開かれると、その労働力として南インドからタミル人が導入された。土着のシンハラ人、タミル人、ムーア人のあいだで植民地支配に抵抗した宗教復興運動が開始され、最大規模でおこなわれたのは多数民族のシンハラ人による仏教復興運動だった。

1948年、イギリス連邦内の自治領セイロンとして独立した。1956年に自由党の政権がシンハラ語のみを公用語に制定したが、タミル側は強く反発し、のちの大規模な民族対立の原因となる。

1972年、国名をスリランカ共和国に改め、イギリス自治領から脱し完全独立して、1978年には国名をスリランカ民主社会主義共和国に改名した。1983年にタミル人過激派が政府軍を襲撃し、報復のタミル人虐殺で抗争が拡大した。タミル人過激派「タミル・イーラム解放のトラ」(LTTE) の武装闘争やテロ活動が激化し、内戦に発展した。1987年、インド・スリランカ両政府がタミル人の自治拡大をみとめる和平協定に調印したが、内戦がふたたび始まった。日本やノルウェーなどが和平交渉を手助けし、停戦していた期間もあった。しかし、長年にわたる内戦によって生じた相互の不信感はぬぐえず、内戦は続いた。2004年のインド洋大津波は、LTTE支配地域をふくむ広い地域をおそった。支援物資の配布や復興計画を政府とLTTEでおこなうことによって、信頼醸成ができるかと期待されたが、失敗した。2009年に政府軍が北部のLTTE支配地域を制圧し、5月に25年以上続いた内戦が終結。内戦では8〜10万人が死亡した。19年にはイスラム過激派による連続テロが起こり、250人以上が死亡した。

さくいん

取材を終えて

東海林美紀（とうかいりんみき）

　今からちょうど6年前、はじめてスリランカを訪れました。空港からバスを何度か乗りついで、シギリヤ・ロックの近くにあるダンブッラのまちをめざしました。ダンブッラの近くのディヤブブラという村の森のなかに、彫刻家のラキ・セナナヤケさんが住んでいたのです。ダンブッラでトゥクトゥクに乗りかえ、田んぼ道を進んで森の入り口に着くと、恐竜のように大きな馬の石の彫刻が現れました。ラキさんがくらす家の前にある池のまわりには金色のフクロウの彫刻がかざられていて、池に反射した光でキラキラと光り、今にも飛びたちそうです。「やあ、よくきたね」と出むかえてくれたラキさんは、赤いサロンを腰に巻いただけの格好で、まるで森にくらす仙人のようでした。

　それから数日間、ラキさんの仕事なかまやお手伝いさんたちといっしょに、森のなかですごしました。わき出る水の音に動物や虫の鳴き声。太陽がのぼる前になると、動物たちが次つぎと目を覚まし、森がざわざわと動きだします。

　そのあとも何度かスリランカに通いましたが、ラキさんが亡くなったという知らせが届いたのは、パンデミックで国と国を移動することがむずかしくなってしまった

▲中央高地の畑道で、牛が気持ちよさそうに休んでいた大きな木。

ときでした。ラキさんに最後に言われたことをいつも思いだします。「木は生きていて、少しずつそのすがたを変えていく。君は写真を撮っているのだから、1本の木を決めて、毎日1枚の写真を撮って、その変化をくらべてみたらきっとおもしろいよ」。今度スリランカにもどったら、ラキさんがくらしていた森に行って、1本の木をさがしてみようと思っています。

　この本に関わってくれたみなさんに、感謝をこめて。

●監修
荒井悦代（あらいえつよ）（日本貿易振興機構アジア経済研究所）

●取材協力（順不同・敬称略）
Barberyn Ayurveda resort / Hirimbura Sulaimaniya Primary School /Katcovalam Methodist mission tamil mixed school / J.M.B.Basnayake Lakmali Ranasinghe / Lasitha Udaya Kumara / MUSACO / Parakrama National School / Rohana Nanayakkara /
石川直人／大槻隆行／馬場繁子／駐日スリランカ大使館

●参考文献
栗原俊輔著『ぼくは6歳、紅茶プランテーションで生まれて。』（合同出版）
鈴木睦子著『スリランカ　紅茶のふる里』（アールイー）
マイケル・オンダーチェ著『アニルの亡霊』（新潮社）
マイケル・オンダーチェ著『家族を駆け抜けて』（彩流社）
『スリランカを知るための58章』（明石書店）
『データブック オブ・ザ・ワールド 2023』（二宮書店）

●地図：株式会社平凡社地図出版
●校正：株式会社鷗来堂
●デザイン：株式会社クラップス（佐藤かおり）

現地取材！　世界のくらし13

スリランカ

発行　　2024年4月　第1刷

文・写真　：東海林美紀（とうかいりんみき）
監修　　　：荒井悦代（あらいえつよ）
発行者　　：千葉均
編集　　　：原田哲郎
発行所　　：株式会社ポプラ社
〒141-8210　東京都品川区西五反田3丁目5番8号
　　　　　　JR目黒MARCビル12階
ホームページ：www.poplar.co.jp（ポプラ社）
　　　　　　kodomottolab.poplar.co.jp（こどもっとラボ）
印刷・製本　：大日本印刷株式会社

©Miki Tokairin 2024 Printed in Japan
ISBN978-4-591-18087-7
N.D.C.292/48P/29cm

現地取材！ 世界のくらし

続刊も毎年度刊行予定！

- 小学高学年〜中学向き
- オールカラー
- A4変型判　各48ページ
- N.D.C. 292
- 図書館用特別堅牢製本図書